Martina Dannheimer

1 Tag in Paris –
Martinas Kurztrip in die Stadt der Liebe

Bibliografische Information der Deutschen Nationalbibliothek:

Die Deutsche Nationalbibliothek verzeichnet diese Publikation in der Deutschen Nationalbibliografie; detaillierte bibliografische Daten sind im Internet über http://dnb.d-nb.de abrufbar.

Impressum:

Lektorat: Caroline Schnitzer, Peter Schmid-Meil

Copyright © 2018 GRIN & Travel

Ein Imprint der Open Publishing GmbH

Die Lust an Städtereisen

„Nicht nur lange Reisen machen Spaß", das ist das Motto, nach dem ich lebe und mit dem ich meine Reiselust stille. Mit meinen Berichten „1 Tag in …" möchte ich zu Kurztrips inspirieren, aufzeigen, was man alles an einem Tag erleben kann, oder einfach nur unterhalten. Hier gibt es jede Menge Tipps und Karten zum Nachmachen für alle, die wenig Zeit zum Reisen haben, oder deren Geldbeutel – wie meiner – nicht endlos gefüllt ist.

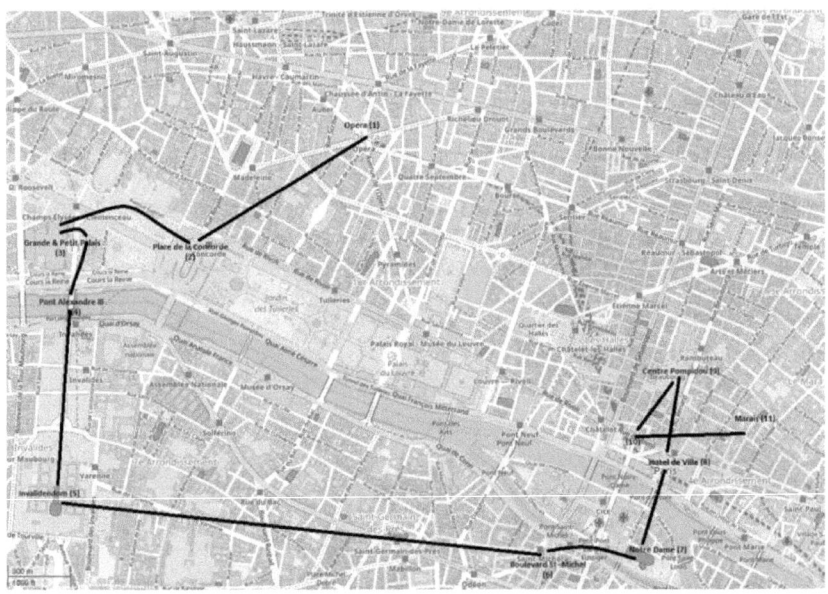

Paris-Route Teil 1. Quelle: OpenStreetMap und Mitwirkende, CC BY-SA

Paris, hach, was freute ich mich auf die Stadt an der Seine. Mein letzter Besuch lag über 16 Jahre zurück, fast die Hälfte meines Lebens. Ich reiste damals in Begleitung meines Freundes. Trotz schlafloser Nachtzugfahrt und Hostel-Zimmer ohne WC habe ich es als sehr romantisch in Erinnerung. Bei dieser Reise war ich ohne männliche Begleitung unterwegs und wollte dennoch herausfinden, warum Paris als die Stadt der Liebe gilt.

Paris, mon amour!

Ausgeschlafen nach Paris

Ich liebe diesen Gong im Flugzeug, dem die Ansage „boarding completed" folgt. Nach einer kurzen Nacht mit nur zwei Stunden Schlaf fungierte dieses Geräusch diesmal eher als Wecker, während ich vor Müdigkeit beinahe eingeschlafen wäre. Endlich hellwach zu sein, hatte eigentlich nur Vorteile: ich konnte den Start genießen und mir zudem ein paar Notizen über Paris einverleiben. 90 Minuten hatte ich nun Zeit bis zur Landung auf dem Flughafen Charles de Gaulle.

Nachdem ich pünktlich gelandet war, saß ich im RoissyBus. Neben mir mein Handgepäck in Form eines geblümten Rucksacks. Er war zwar nicht so schick, dafür ungemein praktisch. Der einzige Wermutstropfen war die sofortige Bekanntschaft mit dem Pariser Preiswucher. 33 Euro für ein 2-Tages-Ticket inklusive Flughafentransfer sind happig. Oder wie die Dame am Ticketschalter treffend sagte: „C'est Paris!" Eben, warum wunderte ich mich überhaupt?!

Oper

Egal wo und wann ich lande, eine meiner ersten Amtshandlungen ist der Anruf bei Mama. „Bonjour Maman", flötete ich fröhlich in mein Smartphone. Nachdem ich meine überschwängliche Freude kundgetan hatte, kletterte ich an der Opéra (1) aus dem Bus. Das Wetter war dunkelgrau und nass, die Wettervorhersage hatte so etwas schon angedeutet. Meiner guten Laune tat dies keinen Abbruch.

Ich wusste nicht, wohin ich zuerst schauen sollte. Zu diesem bezaubernden Operngebäude oder lieber in Richtung Shopping-Tempel Galeries Lafayette. Mehr Probleme bereitete aber das Fotografieren. Da ich noch ohne Schirm unterwegs war, hing permanent ein Regentropfen auf der Linse.

Opera

Unterwegs in Paris

8. Arrondissement – Place de la Concorde

Wie immer lief ich einfach los. Recht bald faltete ich aber doch den Stadtplan auseinander, um mich zu orientieren. Aha, die Place de la Concorde war ganz in der Nähe. Dort angekommen verfiel ich ins Schwelgen: Zu meiner Linken ragte das Riesenrad in die Höhe. Zu meiner Rechten – wenn auch etwas weiter entfernt – der Eiffelturm. Mittendrin faszinierten mich dieser majestätisch wirkende Obelisk von Luxor aus Ägypten und genauso die prächtigen Brunnen nebendran.

Place de la Concorde

Apropos majestätisch: die Place de la Concorde gehört neben der Place des Vosges, Vendôme, Places Dauphine und des Victoires zu den fünf königlichen Plätzen in Paris. Flächenmäßig ist die Place de la Concorde mit ihren acht Hektar der Spitzenreiter in Paris, und die zweitgrößte in ganz Frankreich. Très très bien …

Vom „Champs-Élysées" über die „Pont Alexandre III" zum Invalidendom

Ich war mir nicht ganz sicher, in welche Richtung ich die Place de la Concorde wieder verlassen sollte. Schließlich entschied ich mich dafür, in die Champs-Élysées einzubiegen, flanierte aber nur ein paar Meter auf dem legendären Prachtboulevard. Ich kenne mich: sobald ich ins Shopping-Fieber verfalle, vergesse ich das Sightseeing. Daher bog ich am Grand sowie Petit Palais (3) ab und bewunderte die Schönheit zweier Paläste, die 1900 zur Weltausstellung und im Stil der Belle Époque entstanden sind. Wie könnte es anders sein, in beiden Prachtbauten dreht sich alles um die Kunst. Im Grand Palais des Beaux Arts lassen sich mittlerweile diverse Museen und Ausstellungen bewundern. Während der Pariser Modewochen fand in diesem prunkvollen Gebäude etwa die Chanel-Show statt. Im Petit Palais hingegen ist es das Museum der schönen Künste, das dem Kunstliebhaber wohl einen übernormal hohen Pulsschlag bescheren dürfte.

Petit Palais

5

An diesem Ort kam ich gar nicht mehr aus dem Staunen heraus. Nur ein paar Meter weiter wandelte ich über die wunderschöne Pont Alexandre III (4). Brücken übten schon immer eine große Faszination auf mich aus. Aber dieses Meisterwerk mit all den goldenen Figuren ließ mir regelrechte Stielaugen wachsen. Die Brücke wurde ebenfalls zur Weltausstellung im Jahre 1900 gebaut, wobei der Name an die Allianz zwischen dem russischen Zar Alexander III sowie dem französischen Präsidenten im Jahre 1892 erinnert.

Ich schaute auf die Seine und genoss die Stimmung. Und ich fasste für mich zusammen: es war grau, regnerisch und kalt. Ich hatte keinen Typ an meiner Seite. Dennoch konnte ich fast behaupten, es hatte was Romantisches. Was Schönes. An allen Ecken und Enden gab es was zum Staunen. Etwas, das mir mindestens ein „Boah" oder „Wow" entlockte. Einen großen Beitrag leistete ebenfalls das schnuckelige Französisch. „Je t'aime, ma chérie." Alleine beim Gedanken, einmal diese Worte zu hören, schmolz ich dahin …

Pont Alexandre III. / Blick auf den Invalidendom

Mein nächstes Etappenziel konnte man von der Brücke aus schon sehen. Das grandiose Gebäude vor mir war der Invalidendom (5). Was sich zunächst nach Klinik anhört – und es einst auch war –, beherbergt heute nicht nur einige persönliche Besitztümer von Napoleon, sondern auch dessen sterbliche Überreste. Darüber hinaus sind im „Hôtel des Invalides" Utensilien aus dem 2. Weltkrieg wie Rüstungen und Waffen ausgestellt. Ich bewunderte das Gebäude heute nur von außen und tauchte bald in den Untergrund der Métro ab.

Meine Finger froren gleich ab, mein regendurchtränkter Parka fühlte sich an wie ein nasser Sack. Ich musste dringend etwas Warmes trinken. Ein Café au lait war genau das Richtige.

Invalidendom

Fortbewegungsmittel in Paris

Schon bei der Einfahrt der Metro konnte ich erkennen, dass die Wagons heillos überfüllt waren. Mit einer Ausnahme. In Vorfreude auf einen Sitzplatz stieg ich dort ein. Und sofort wurde mir klar, weshalb dieser Wagon fast leer war: es stank! Atmen wollte ich bis zur nächsten Haltestelle nicht, das klappte schon irgendwie. Quelle dieses Gestanks war vermutlich der Kerl, der es sich quer über vier Sitze bequem gemacht hatte. Barfuß. Mit rabenschwarzen Fußsohlen. Der Ohnmacht nahe dachte ich kurz darüber nach, ob ich ein Foto schießen sollte. Ließ es aber bleiben. Aus Scham und ein bisschen aus Anstand. So hatte ich mir die Stadt der Liebe nicht vorgestellt. Ansonsten ist die Métro das beste Fortbewegungsmittel in Paris – im Zwei- bis Drei-Minuten-Takt gelangt man zu allen Sehenswürdigkeiten. Das Einzelticket kostet 1,90 Euro und ist für 1,5 Stunden gültig.

Umso mehr freute ich mich, als ich am Boulevard St-Michel (6) wieder das Licht der Pariser Welt erblickte. Klar, dass ich beim Anblick der zahlreichen Geschäfte sofort wieder Shoppen im Sinn hatte. Zum Glück hielten mich zwei Dinge davon ab: Erstens hatte ich Hunger und zweitens war es 13:28 Uhr. Um 14 Uhr findet jeden Freitag und Samstag eine kostenlose, deutschsprachige Führung in Notre-Dame statt. Es war Samstag und somit blieb mir eigentlich keine Wahl. Doch weil ein knurrender Magen in der Kirche glatt Ruhestörung wäre, wollte ich vorher dringend etwas essen. Glücklicherweise entdeckte ich rund um die Rue Saint-Séverin eine regelrechte Fressmeile. Dreimal lief ich im Kreis, bevor ich mich für „maoz" entschied. Ich kenne diesen Laden aus Barcelona und liebe ihn. Für in Paris extrem verträgliche 5 Euro gab es vier Falafelbällchen und eine Flatrate an der Salatbar. Am Buffet konnte nach Gusto auf die Teller geladen werden. Wie groß der Hunger einiger Gäste gewesen sein muss, konnte man am Zustand des Salatbestecks erkennen. Genau für solche Zwecke habe ich stets Desinfektionstücher dabei. Obwohl ich fast die Hälfte davon verbrauchte, rochen meine Hände nach Zwiebel, Knoblauch und Döner und ich hoffte inständig, dass das nicht auch für meinen Atem galt. Zwar findet sich neben den feuchten Tüchern immer auch ein Kaugummi in meiner Handtasche, aber manchmal sind diese kleinen Menthol-Teilchen doch machtlos. Andererseits wollte ich weder knutschen, noch mit jemandem über die Architektur von Notre-Dame fachsimpeln. Wobei das mit dem Knutschen ja eher unfreiwillig. Nein, ich wollte nicht lamentieren, sondern mich lieber über den zauberhaften Anblick unserer lieben Dame freuen.

Warten auf die Metro

Auf der Suche nach Essen

Der Besuch der Notre-Dame

Im gotischen Stil erbaut, ist sie nicht nur wegen ihrer imposanten Optik ein Muss, die Notre-Dame (7) Auch die Lage auf der Ile de la Cité ist grandios!

Ich überlegte kurz, ob ich mich auf den Treppen gegenüber der imposanten Kathedrale niederlassen sollte – immerhin hatte es aufgehört zu regnen. Aber so einladend waren die Temperaturen auch wieder nicht. Außerdem würde in acht Minuten die Führung anfangen. Somit begab ich mich ins Innere und entdeckte gleich ein Schild mit schwarz-rot-goldener Verzierung. Eigentlich treibt mich so etwas in die Flucht. Alles, was zur Kategorie „tourimäßig" gehört, ist mir schlicht und ergreifend zuwider. „Sie machen auch mit?" Rund zehn Augenpaare, inklusive die des weiblichen Guides, starrten mich an. „Nu' haben Sie eh keine andere Wahl mehr", witzelte es aus der Runde. „Ja, klar bin ich dabei", murmelte ich artig. „Schön, dann starten wir. Die Führung wird eineinhalb Stunden dauern. Sollte das Wetter extrem schlecht sein, haben Sie die Wahl, ob Sie den letzten Teil im Freien mitmachen", teilte sie uns mit und forderte uns auf, ihr zu folgen. Eineinhalb Stunden? Hatte ich mich tatsächlich verpflichtet, 90 Minuten meiner kostbaren Zeit zu investieren? Ich setzte mich lieber gleich ab, bevor ich aus der Nummer nicht mehr raus kam. Lieber tauchte ich noch kurz meinen Finger ins Taufbecken, malte mir mit Weihwasser ein Kreuz auf die Stirn und führte mir die Kirche von außen zu Gemüte. Ich kann ja wieder herkommen, … zu meiner Hochzeit! Hätte ich gleich wieder ein Argument, warum Paris als Stadt der Liebe gilt.

Notre-Dame

Am Eingang von Notre-Dame

Ein Stück schlenderte ich an der Seine entlang. Sonnenschein wäre vielleicht schöner gewesen, doch auch das triste, nasskalte Wetter hatte einen besonderen Charme. Es hatte etwas von Romantik, von Melancholie und Sehnsucht. Vielleicht ist man in Paris besonders emotional, mag sein, aber ich empfand es tatsächlich so. Intuitiv bog ich schließlich rechts ab und stand plötzlich vor dem Pariser Rathaus, dem Hôtel de Ville (8). Ein Weilchen blieb ich an der Eislaufbahn stehen, die direkt auf dem Platz vor dem Rathaus – kurz vor Weihnachten bis März – zum Mitmachen lockte. Ich verzichtete.

Centre national d'art et de culture Georges Pompidou – Kurz : Centre Pompidou

Lieber setzte ich meinen Bummel auf der Rue du Renard fort, bis ich das Centre Pompidou (9) erblickte. Die spektakuläre und ungewöhnliche Architektur beeindruckte mich. Allerdings hat sie einen eher praktischen Hintergrund. Rolltreppen, zudem Rohre und Leitungen, die der Energieversorgung dienen, hat man einfach nach draußen verlagert, damit im Inneren ungestört bewundert werden kann. Und dafür gab es schon viele Gelegenheiten. Etwa sind im Centre national d'art et de culture Georges Pompidou, wie das Kunst- und Kulturzentrum vollständig heißt, das Museum für Moderne Kunst und eine öffentliche Bibliothek untergebracht. Leider war die Schlange vor dem Eingang so lang, dass ich mir den Eintritt für meinen nächsten Paris-Besuch aufhob.

Centre Pompidou

Marais

Außerdem hatte ich fürs Erste genug bewundert und geschaut, jetzt war es Zeit zum Handeln. Ich ging shoppen! Dafür machte ich kehrt und wählte schließlich die Rue de Rivoli (10) als meinen Laufsteg. Mein Herz hüpfte und durfte sich voll und ganz austoben. Ein paar Geschäfte später kam ich vom Weg ab, was goldrichtig war. Denn ungewollt landete ich im Marais-Viertel (11). Marais heißt so viel wie Sumpf, welcher im 13. Jahrhundert diese Gegend charakterisierte. Heute ist davon natürlich nichts mehr zu sehen, vielmehr ist dieses Viertel durch enge Straßen, viele Shops und Cafés und ein tolles Flair geprägt. Außerdem gilt Marais als das Zentrum der jüdischen Bevölkerung in Paris. Zum Glück bin ich noch satt. Ansonsten hätte ich mich vor dem L' As du Fallafel (34, rue des Rosiers, 75004 Paris) in die Menschenschlange stellen müssen. Dieser Laden ist für seine köstliche Falafel bekannt.

Bummel durch Marais

Ich beschloss, in die Métro zu steigen und gen Montmartre zu düsen. Es galt, noch so einiges zu entdecken.

Viertel Montmartre (12)

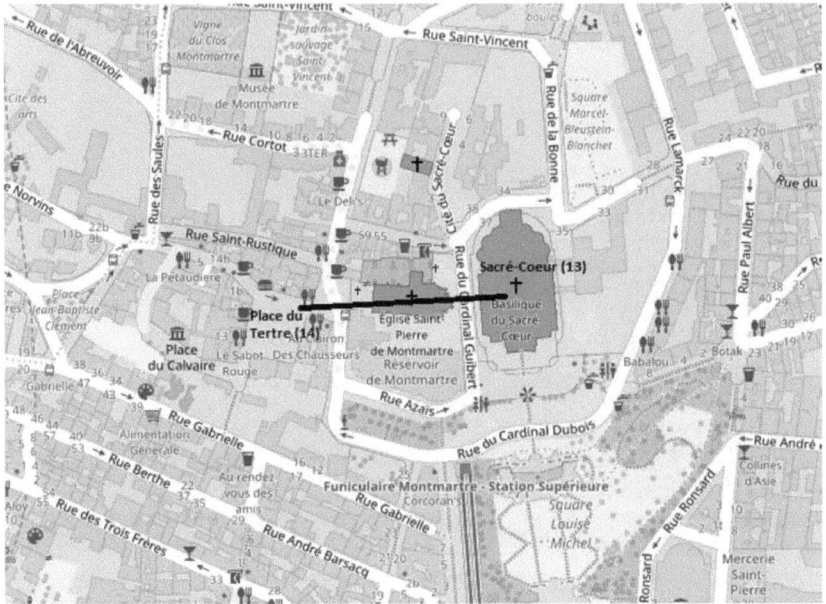

Paris-Route Teil 1. Quelle: OpenStreetMap und Mitwirkende, CC BY-SA

„Haben Sie sich schon entschieden? – Avez-vous déjà décidé?" „Schon" ist gut. Zum dritten Mal fragte mich die Verkäuferin, ob ich wüsste, was ich nehme. Ich bildete mir ein, in ihrer Stimme eine Prise Ungeduld zu hören. Komisch. Ich hielt ja nicht den nachmittäglichen Ansturm auf die Pariser Teigware auf, sondern stand nur – leicht gebückt und mit großen Augen – vor der Ladentheke. Ehrlich gesagt wollte ich gar nicht so schnell gehen. Draußen regnete es wieder und hier drin duftete es wie im Schlaraffenland. Okay, ich weiß nicht, wie es im Schlaraffenland duftet, stellte es mir aber so in etwa vor. „Je le prends", brachte ich dann doch über meine Lippen. Ich wollte schließlich nicht, dass die Dame nach meinem Abtreten genervt zu ihrer Kollegin sagte „Les Allemands, les Allemands.". Beim ersten Biss in meine Rosinen-Puddingschnecke war mir überhaupt alles egal. So etwas Leckeres hatte ich noch nie gegessen, definitiv! In Rekordgeschwindigkeit stopfte ich verschiedene Teigwaren in mich hinein.

Sacré-Cœur

Die Stufen zu Sacré-Cœur (13) stieg ich mit angefutterter Übelkeit empor. Da ich davon ausging, dass diese kleine Bergtour die Hälfte der 2.000 Kalorien wieder abbauen würde, nahm ich die Herausforderung dankend an.

Sacré-Cœur

Ausblick von Sacré-Cœur

Vor meiner Ankunft an der berühmten Basilika habe ich noch überlegt, ob ich bei dem eher tristen Wetter wohl Sightseeing im Alleingang machen würde. Manchmal wunderte ich mich über mich selbst. Hatte ich doch nicht ernsthaft angenommen, dass es in Metropolen irgendwelche Attraktionen gab, an denen sich keine knipsenden Touristen aufhielten? Eben! Ich wanderte im Pulk. Als ich dann auf dem Gipfel des 130 Meter hohen Montmartre-Hügels stand, frönte ich erst einmal ausgiebig der fantastischen Aussicht. Wenn ich Großstädte aus der Vogelperspektive angucke, bin ich jedes Mal entzückt, wie riesig eine Ansammlung von Häusern sein kann. Rooomaaantik, schoss es mir durch den Kopf. Wie herzerwärmend muss das erst bei Nacht sein. Sacré-Cœur im Nacken, die Stadt als Lichtermeer zu Füßen… Wer Paris in puncto Stadt der Liebe erkundet, darf diesen Agenda-Punkt auf keinen Fall auslassen. Bei meinem Panorama-Blick entdeckte ich, dass ich bequem in der Funiculaire (http://www.paris-infoservice.de/funicula.htm), einer Seilbahn, mein Etappenziel hätte erreichen können. Bevor ich mich ärgerte, fielen mir die verbrauchten Kalorien wieder ein. Ich schlenderte weiter, betrachtete die Wallfahrtskirche nochmals von der anderen Seite und setze meinen Bummel in den Gassen von Montmartre fort. Die Ware in den unzähligen Souvenir-Shops war für mich tabu. Da ich auf früheren Reisen ein Heidengeld für I-love-irgendwas-Taschen, Schlüsselanhänger oder Armbänder ausgegeben hatte, verordnete ich mir fortwährende Abstinenz.

Bummel durch Montmartre

Künstlerviertel Montmartre

Place du Tertre

Eine ähnliche Atmosphäre herrschte im weiteren Montmartre, dem Künstlerviertel, das einst ein eigenes Dorf vor den Toren von Paris war. Heute leben jedoch nicht mehr nur Maler und Philosophen dort. Schade eigentlich. Von seinem außergewöhnlichen Charme hat Montmartre jedoch nichts verloren. Allein schon wegen der zahlreichen Cafés, Restaurants und niedlichen Gassen ein Must-Go-To.

Genauso hielt das Rotlichtmilieu in Montmartre Einzug, weshalb dieser Stadtteil als Vergnügungsviertel bekannt ist. Klar, dass ich Moulin Rouge, das berühmte Varieté mit der roten Mühle am Place Blanche, aufsuchte. Nur von außen wohlgemerkt. Bevor ich mich in die Métro Richtung Champs-Élysées begab, drehte ich nochmals eine kleine Runde. Einen letzten Happen des bezaubernden Flairs aufsaugen.

Moulin Rouge

Ganz so schnell klappte das mit dem Montmartre-Abschied dann allerdings nicht. Ich kam an einem Schokoladengeschäft vorbei. Und stolperte – völlig ungewollt – hinein. Dachte ich vor einigen Minuten noch, Falafel und Rosinenschnecke würden mich für den restlichen Tag sättigen, so hatte ich mich sauber getäuscht. Wenn ich das alles verspeisen würde, was ich mir in Sekundenschnelle in die imaginäre Einkaufstüte packte, müsste ich zum Ausgleich wohl zehn Mal zu Sacré-Cœur hinaufrennen. Oder – da ich eh gleich dorthin wollte – ich klettere einfach den Eiffelturm hoch.

Avenue des Champs-Élysées

Arc de Triomphe

Fast hätte ich behauptet, dass ich mir das Beste für den Schluss aufgehoben hatte. Doch ob der Eiffelturm wirklich das Beste von Paris ist, wage ich zu bezweifeln. Denn in der Stadt an der Seine reiht sich ein touristischer Leckerbissen an den nächsten – egal ob es sich um ein Bauwerk, ein Geschäft oder ein Restaurant handelt.

Endspurt meines Paris-Tages. In Hektik verfiel ich aber nicht, als ich am Arc de Triomphe aus der Metro kletterte. Noch bevor ich unter dem berühmten Triumphbogen stand, entdeckte ich eine erste Sehenswürdigkeit. Vor mir schritten drei knackige Polizisten, deren attraktiven Rückseiten ich ungestört begutachtete. Mein Staunen setzte sich am eigentlichen Objekt der Begierde – dem Arc de Triomphe – fort. Ein gewaltiges Bauwerk mit 50 Metern Höhe und 45 Metern Breite. Es wurde zu Ehren von Napoleon I. und seinen Siegen gebaut. Die Orte seiner Triumphe wurden an verschiedenen Stellen in Stein gemeißelt.

Champs-Élysées

Überwältigt von diesem gigantischen Bauwerk spazierte ich auf meinem nächsten Ziel entlang, besser gesagt ich schritt. Schließlich kann man die Avenue des Champs-Élysées nicht einfach im Laufschritt erspüren. Ich bin kein Freund von Prunk und Protz, aber das Flair auf dieser Luxusstraße ist genial. Mein Herz tanzte, mein Geldbeutel eher weniger.

Ruckzuck stand ich im Bereich Sale – von H&M. Manche Dinge konnte ich an mir selbst nicht verstehen. Das schwedische Modehaus gibt es schließlich überall, alleine in Hamburg sind es 15 Stores. Aber nö, ich landete auch in Paris, Barcelona oder London in einer Filiale. Nicht, dass die H&M-Klamotten hier besser wären, aber irgendwie ... ach, lassen wir das. Ich betrat noch ein paar andere Geschäfte und stellte so ein gesundes Gleichgewicht her.

Arc de Triomphe

Einkaufsmeile

Avenue Montaigne

Mein Stadtplan dirigierte mich nach rechts. Die Avenue Montaigne empfing mich mit einem nicht weniger majestätischen Flair, der Unterschied zur Champs-Élysées war nicht so auffällig. Es war wenig los, ich konnte die Atmosphäre einsaugen. Und–da vorne war auch schon der Eiffelturm in Sicht. Da es 17 Jahre her ist, als ich zum letzten Mal davor stand, war ich fast ein bisschen aufgeregt. Am Seineufer wurde ich im Sekundentakt von Joggern überholt. Hier würde ich gerne mein (fast) tägliches Sportprogramm absolvieren. Doch jetzt drehten sich meine Gedanken nicht um Pulsuhr und Intervalltraining, sondern ausschließlich um ihn, den Eiffelturm. Meine Güte, der sieht ja bereits aus der Ferne oder auf Fotos gigantisch aus. Aber wenn ich mit meinen 1,71 Metern vor ihm stehe, haut mich das glatt um. Wie als Kind den Christbaum himmelte ich den 324 Meter hohen Koloss eine Weile an. Die Schlangen an den Kassen waren ewig lang, aufgrund meiner Höhenangst entschied ich mich, am Boden zu bleiben. Sollte ich jemals in männlicher Begleitung hier stehen, kaufe ich zwei Tickets. Versprochen. Denn was gibt es Romantischeres... Wobei wir mal wieder beim Thema wären. Ich wollte ja herausfinden, weshalb Paris als die Stadt der Liebe gilt.

Eiffelturm

Cité de l'Architecture

Bevor ich meinen Weg gen Stadtmitte antrat, besichtigte ich die Cité de l'Architecture. Mit einem weiteren Café au lait stapfte ich die Stufen zu dem Architekturmuseum nach oben. Zu meiner Linken hatte sich eine Traube schaulustiger Touristen gebildet. Da mich dies natürlich neugierig machte, stand ich ad hoc daneben. Aha, ein Film wurde gedreht. Ich kniff meine Augen ein Stück zusammen, das verbesserte meine Kurzsichtigkeit. Angestrengt versuchte ich zu erkennen, ob vielleicht Brad Pitt am Set ist. Ähm, nö, war er nicht. Vermutlich wäre der Rummel dann fünfmal so groß gewesen. Außerdem gefällt er mir mit den langen Haaren eh nicht mehr, tröstete ich mich. Ich widmete mich lieber dem Museumsgebäude und vor allem dem traumhaften Blick auf Paris. Da mir der Wind ganz schön eisig um die Nase wehte, beschloss ich bald, weiterzugehen. Zurück also zum Eiffelturm, einmal unten durch spazieren, danach befand ich mich auf der Champ de Mars. Und da war es grün, es glich einer kleinen Parkanlage. Wäre es nicht so kalt gewesen, hätte ich mich auf einer Bank niedergelassen. Um Leute zu beobachten. Eine meiner Lieblingsbeschäftigungen. Bei ein paar Grad über Null marschierte ich lieber in Richtung Métrostation. Im Vorbeigehen warf ich einen Blick auf die École Militaire, die Militärschule.

Cité de l'Architecture

Jardin du Luxembourg

Erneut wählte ich den Boulevard St-Michel als Ausstiegsstelle. Doch statt Geschäften suchte ich den Jardin du Luxembourg auf. Ein wirklich zauberhafter Park. Eine Naturoase mitten in der Mega-Großstadt. Und es war wieder dieses typische Paris-Gefühl, eine Mischung aus Leidenschaft, Melancholie und Lebenslust, die sich in mir breit machte. Verträumt blickte ich auf den Tour Montparnasse. Eine Station fehlte mir noch. Also auf zum Louvre, flüsterte ich mir zu.

Im Jardin du Luxembourg

Louvre

Die Métro brauchte ich nicht, in nur 18 strammen Gehminuten war ich da. Der Anblick des Louvre machte mich echt platt, sprachlos, was selten vorkommt. Welche Ausstrahlung doch solche geschichtsträchtigen Mauern haben. Mein Weg in den Innenhof gestaltete sich dann etwas schleppend. Gleich zweimal bat mich ein je schwerst verliebtes Pärchen, ein Foto zu schießen. Die innige Zuneigung von insgesamt vier Menschen für die

Ewigkeit festzuhalten, ist eine nicht zu unterschätzende Mission in Paris, oder? Danach war mir etwas Zeit für mich gegönnt. Ich ließ einfach die Atmosphäre auf mich wirken. Guckte mir die ganze Architektur, den Brunnen, die Menschen um mich herum an. Ein paar Meter weiter steht der Arc de Triomphe du Carrousel, mein zweiter Triumphbogen des Tages. Andächtig blieb ich stehen. Wo meine Gedanken genau waren, wusste ich selbst nicht so genau. Ich verbrachte einen fantastischen, vollgestopften Paris-Tag.

Am Louvre

Pyramide am Louvre

Arc de Triomphe du Carrousel

Mein Fazit

Ich habe verstanden, was „savoir vivre" bedeutet, und eine Erklärung gefunden, warum die Stadt der Liebe als solche bezeichnet wird. In erster Linie, das Flair, ganz klar. Es gibt so viele romantische Plätze, so viele Ecken, an denen einem automatisch warm ums Herz wird. Obendrein trifft man überall auf schöne Dinge und auf die Ausstrahlung uralter Bauwerke. Dieser Charme ist einfach unvergleichlich. Nicht zu vergessen: Liebe geht durch den Magen. Und das, was in Paris durch den Magen geht, zählt bestimmt nicht bloß bei mir zur „großen Liebe".

Meine Bewertung:

Sightseeing: 👠👠👠👠👠

Verkehrsmittel: 👠👠👠👠

Essen & Trinken: 👠👠👠👠

Shopping: 👠👠👠

Links zu Paris

Paris: http://www.paris-sehenswuerdigkeiten.info/

Flughafen Charles de Gaulle RoissyBus: https://www.aeroportsdeparis.fr/ADP/en-GB/Passagers/Access-maps-car-parks/Paris-CDG/Access/public-transport/paris-cdg-roissybus.htm

Metro Paris: http://www.parisinfo.de/metro-plan-karte.htm

Notre Dame: http://www.paris-sehenswuerdigkeiten.info/notre-dame-de-paris.htm

Montmartre Seilbahn **Funiculaire:** http://www.paris-infoservice.de/funicula.htm

Louvre. http://www.paris-sehenswuerdigkeiten.info/louvre-paris.htm

Place de la Concorde: http://www.paris-sehenswuerdigkeiten.info/place-de-la-concorde.htm

Sacré-Coeur: http://www.paris-sehenswuerdigkeiten.info/sacre-coeur-de-montmartre.htm

Triumphbogen: http://www.paris-sehenswuerdigkeiten.info/triumphbogen-paris-arc-de-triomphe.htm

Eiffelturm: http://www.paris-sehenswuerdigkeiten.info/eiffelturm-paris.htm

Champs-Élysées: http://www.paris-sehenswuerdigkeiten.info/champs-elysees.htm

Bildnachweis

Alle Bilder innerhalb dieses Buches stammen von:

- Martina Dannheimer

- OpenStreetMap und Mitwirkende, CC BY-SA

- jara3000:

http://www.shutterstock.com/pic-132687290/stock-vector-high-heel-shoes-silhouette.html?src=csl_recent_image-1